BENEFICIOS
DE UNA
CUARENTENA

Vida productiva online significa libertad financiera

CATHY GUEVARA REY

ISBN: 9798685811127

Sello: Independently published

Copyright © Cathy Guevara Rey

Ig: @deceroalinfinito

ÍNDICE

INTRODUCCIÓN

Si hay algo que nos diferencia del resto de las especies que habitamos en este mundo es la capacidad de pensar, analizar, razonar y la forma como nos comunicamos; los humanos, porque eso somos, la raza humana sin colores, sin nacionalidad, religión, creencias o política, toda la raza humana, venga de donde venga, utiliza la misma manera de comunicarse, y en esta época, que podríamos llamar "era de la comunicación", vemos cómo cada día las fronteras que alguna vez nos separaron se desvanecen poco a poco.

Algo característico del mundo de hoy es que la tecnología nos ha permitido acceder a la información y al conocimiento en un clic, toda nuestra vida ha cambiado 180 grados, el entretenimiento, los servicios, los trabajos, las compras, la educación, el dinero, absolutamente todo empieza a girar en torno a eso que llamamos internet.

Generar ingresos por internet, los llamados trabajos online, están cambiando la visión que teníamos del trabajo "normal", aquel trabajo en el que tenías que ir a una empresa de 8am a 6pm, donde te perdías el día a día con tus hijos, donde solo podías disfrutar de vacaciones una o tal vez, con suerte, dos veces al año, sin contar con el tiempo perdido en el tráfico para llegar al mismo, o el dolor de cabeza de hacer comida un día para recalentarla los demás.

Todo esto está cambiando por el trabajo en casa, o simplemente desde ese lugar donde tengas una conexión a internet. Si bien es cierto que te permite trabajar desde donde quieras y en el horario que quieras, también lo es que para que sea una actividad rentable debes invertir "mucho tiempo", pero te aseguro que después de aprender cómo se hace, el tiempo que pensabas pasar en aquella empresa hasta jubilarte y tener una pensión que no te alcanzará sino para pagar tu comida y medicinas, te va a parecer hasta ridículo.

Si deseas ganar dinero por internet debes tener presente que no es tan fácil ni tan rápido como te hacen creer. Como mencioné antes, al inicio necesitas dedicarte en cuerpo y alma a este proyecto, debes brindarle esfuerzo, tiempo, y a veces, pequeñas sumas de dinero antes de ver resultados satisfactorios, pero las ventajas son muchas: tiempo de calidad, o la tan famosa libertad financiera, que no es ser millonario (aunque hay excepciones) pero sí es tener el dinero y el tiempo que necesitas para disfrutar la vida de tus sueños; y no hace falta ser un Einstein en el mundo de la programación digital o tener conocimientos técnicos para ser rentable en esta nueva profesión.

Hoy en día existen herramientas fáciles de utilizar, basta con acceder a la información correcta y gran parte la podrás encontrar en las siguientes líneas.

Ser una persona exitosa va de la mano con ciertas características o estilo de vida, hay infinidad de libros donde nos enseñan que para ser una persona que cumple sus sueños, feliz y con libertad financiera hay que desarrollar ciertas cualidades: hablan de levantarse temprano, hacer deporte, comer sano, meditar, planificar, accionar… pero en definitiva, la cualidad que te llevará lejos en cualquier profesión es la CONSTANCIA.

Según el Diccionario de la Lengua Española, la constancia es la "voluntad inquebrantable y continuada en la determinación de hacer una cosa o en el modo de realizarla"; en ninguna parte habla de las aptitudes que pueda tener una persona, o sea, aquellas cosas que eres capaz de hacer ya sea porque naciste con esa habilidad o porque solo necesitas un mínimo esfuerzo para aprender a hacerlas.

Constancia tiene que ver más con la actitud, sí, esa personalidad que aflora a la hora de reaccionar ante cualquier desafío, es el comportamiento que tienes frente a la vida, es algo así como tu forma de ser, de hecho, la gran mayoría de las veces basta solo con muchísima práctica y constancia para llegar a ser un especialista en algo.

Así como en la vida real, en internet existen ingresos activos y pasivos. Los activos son aquellos que demandan de tu presencia, de tu trabajo, de tu tiempo para generar ingresos. Encontramos actividades como rellenar encuestas online, realizar diferentes tipos de servicios, etc. Los ingresos pasivos generalmente requieren de un impulso inicial, de un sistema que al estar operativo te generará ingresos prácticamente solo, dándote libertad de tiempo.

La vida está llena de cambios y situaciones que en un momento pueden parecer indeseables, pero que con un poco de empeño y sabiduría podemos transformar a nuestro favor.

Si estamos en uno de esos momentos donde no sabemos qué hacer, perdimos nuestro trabajo o simplemente la forma de generar ingresos no está funcionando, es hora de utilizar todas nuestras energías y tiempo para encontrar nuevas ideas y salir de ese estado de incertidumbre.

En este libro encontrarás algunas fórmulas para generar ingresos a través de internet, y tal vez alguna de ellas está hecha a tu medida...

BIENVENIDO A LOS NEGOCIOS ONLINE

Y recuerda…

"EN LAS ADVERSIDADES SALE A LA LUZ LA VIRTUD"

ARISTÓTELES

CAPÍTULO 1

REDES SOCIALES

Las redes sociales son estructuras formadas por personas que se conectan a partir de intereses o valores comunes creando relaciones profesionales, espirituales o personales, entre otras. Desde tiempos remotos existen estas mismas estructuras, pero no es sino hasta nuestros días que podemos encontrar este tipo de grupos en internet.

Cuando hablamos de redes sociales, lo primero que viene a nuestra mente son sitios, plataformas o aplicaciones como Facebook, Twitter, LinkedIn, Instagram, Tinder, solo por mencionar algunas; las mismas son utilizadas en su mayoría para diversión, conocimiento o simplemente curiosidad, pero ¿qué tal si utilizamos estas redes sociales para generar ingresos?

Este mundo es tan interesante que en ocasiones los lazos que se crean son fuertes, aún sin conocer físicamente a la persona que está del otro lado del teclado te identificas con ella, vives sus historias, compartes las mismas opiniones o te hace cuestionarte sobre lo que piensas, te divierte, te anima en esos días grises, te estimula a aprender una actividad nueva o a cuidar más de tu cuerpo y tu salud.

Existen miles de conexiones en las redes sociales que facilitan el maravilloso mundo de las ventas.

Las redes sociales y el social media (blogs, videos, etc.), que no es más que otro modo de presentar información a través de internet, han llevado el comercio a su máxima expresión, las empresas y personas han visto la posibilidad de vender sus productos y servicios a un público inmenso y especifico en tiempo récord, ¿y cómo lo hacen?

A través de cuentas con grandes números de seguidores, el pago por hacer publicidad en tus redes sociales cada día es más frecuente, estos pagos oscilan entre 5$ y 20$ por publicidad, y lo más interesante de todo es que en aplicaciones como Facebook o Instagram, esta publicidad puedes colocarla en tus historias donde solo estarán 24 horas, y así no abarrotas a tus seguidores con publicidad spam.

Lo primero que debemos hacer es crear una cuenta que se enfoque en uno o dos nichos específicos; busca un tema que te apasione y vuélvete experto en eso, publica contenido maravilloso, cautivador, motivante, y sobre todo donde la gente pueda quedarse un par de minutos, así el algoritmo estará a tu favor y tus post serán vistos por más personas.

Los post deben ser de alta calidad, utiliza fotos, videos y/o textos: debes hacerlo constantemente, o sea, debes publicar al inicio entre uno o dos post diarios, y al ir aumentando los seguidores debes incrementar las publicaciones diarias. Cuando haya días en los que no tienes ánimo o creatividad para realizar una publicación, recurre a gifts o publicaciones de otros (siempre pidiendo permiso o mencionándolos) es mejor esto a no postear nada.

Hay técnicas para llegar a más usuarios: utilizar hashtags (recomendación entre 2 y 4 en cada publicación, utilizando dos palabras como #viviendofeliz, #vidaexitosa, etc.) emojis y postear en las historias cada dos horas. Interactuar con tus seguidores o hacerles preguntas de lo que desean leer te dará ideas para tus próximas publicaciones y te ayuda a crear una relación más personal con tus seguidores, comentar cuentas con millones de seguidores (si es uno de los últimos comentarios mejor, así tendrás más posibilidad de que muchos lo lean y activar su curiosidad hasta llevarlos a tu perfil), chequear quiénes miran tus historias y comentar en sus perfiles, sobre todo de los que no te siguen, buscar los hashtags que tienen que ver con tu cuenta y publicar comentarios en algunos de esos perfiles, pagar a influencers para que inviten a sus seguidores a conocerte, y por último, hacer publicidad cruzada con otras cuentas similares te generará más seguidores.

Como tips adicionales te puedo sugerir que, sobre todo en las aplicaciones como Instagram, tengas un patrón definido, los posts con imágenes en los mismos formatos, colores o tipo de letra generará una sensación de orden y coherencia que llamará mucho más la atención de tus seguidores; utilizar tus historias destacadas también le dará un toque diferente a tu cuenta y, si estás pensando en grande, añadir un logo a tus publicaciones ayudará en la consolidación de tu marca personal.

Existen aplicaciones donde podrás encontrar imágenes maravillosas para tus posts y cómo editar los mismos, como Canva, Unsplash, Bazaart, y aplicaciones para realizar videos de forma más profesional, como Inshot, flexclip, etc.

Crear un canal en YouTube también entra en este segmento, el crecimiento exponencial en el consumo de contenidos en el formato video hacen de esta plataforma una de las más utilizadas a nivel mundial, recordemos que YouTube es el segundo buscador más utilizado después de Don Google, eso significa que su potencial económico está en constante crecimiento, sin embargo debes saber que esta opción requiere de un gran esfuerzo ya que normalmente los pagos van desde céntimos hasta 3$ por cada 1.000 visualizaciones aproximadamente.

Para tener acceso a estadísticas con datos como: cuentas alcanzadas, interacciones con el contenido, días en los que tus seguidores están mas activos en las redes sociales y hasta promociones de ventas, debes ingresar a tu configuración y cambiar tu cuenta personal a una cuenta comercial o agregar una fanpage a tu Facebook personal.

La clave seguirá siendo CONSTANCIA y al cabo de un tiempo verás cómo tu cuenta irá creciendo a tal punto que podrás utilizarla tú también para hacer publicidad y/o vender productos.

Y recuerda…

"LA INTELIGENCIA CONSISTE NO SOLO EN EL CONOCIMIENTO, SINO TAMBIÉN EN LA DESTREZA DE APLICAR LOS CONOCIMIENTOS EN LA PRÁCTICA"

ARISTÓTELES

CAPÍTULO 2

VENTAS POR INTERNET

Existen varias formas de vender por internet. Una de ellas es el marketing de afiliados, que consiste en promocionar el producto de una persona o empresa a cambio de una comisión por la venta del mismo, y los afiliados rentabilizan sus blogs, páginas web o redes sociales a través de la venta de productos de terceros.

También se puede realizar a través de envíos de emails marketing donde encontrarán el enlace que portará un flujo de posibles compradores a la web del anunciante. Es un ganar-ganar: los productores consiguen diversos canales de ventas, los afiliados no deberán crear un producto desde cero para obtener ganancias por la venta del mismo, y los clientes tendrán más opciones e información de lo que desean comprar.

En la mayoría de los casos debes crear una web, blog o artículo donde detallarás información y recomendaciones del producto, en dichos análisis debe estar incorporado un enlace que vendría siendo lo más importante de este sistema, ya que aparte de dirigir el tráfico de posibles compradores, también lleva incorporado un código que nos permite saber de qué página web viene esta visita, si se realiza la compra y cuándo se realiza, asegurando así tu comisión por venta. Como verás, requiere de un esfuerzo inicial, debemos adquirir conocimientos de los productos a promocionar para así brindarle al lector información de primera y lograr cautivar su atención para que el proceso finalice con la venta deseada.

El proceso inicia con la creación de la página web, que podrás hacer en un par de horas con la ayuda de los tutoriales disponibles en internet, básicamente deberás buscar un creador de páginas web, existen muchísimos sitios gratis o donde invertirás poco dinero como Wix, Simplesite, Jimdo, Site123, WordPress, Squarespace entre otros. Es fácil, deberás: registrarte, elegir un dominio para tu web, seleccionarás una de las plantillas, luego redactarás artículos, o en su defecto, pagarás a un experto para que lo haga por ti, y como último paso, deberás posicionar tu web en los buscadores. El resto no requiere de tu trabajo ni de tu tiempo: como ya habíamos comentado, después de un esfuerzo inicial funciona en modo automático.

Pongamos un ejemplo de cómo funciona: escribes un artículo sobre cómo hacer fotos sensacionales, y al finalizar hablas de las características y ventajas de cierto tipo de cámara fotográfica, donde incluirás el enlace que llevará a los usuarios a la web del comerciante que vende este tipo de cámaras en específico.

Si eres más creativo, entonces te recomiendo hacer banners (anuncios publicitarios por internet) de colores y formato llamativo, donde los clientes encuentren una pequeña descripción del producto, o los famosos videos de 15 segundos; esta metodología la puedes utilizar en las historias de Instagram y Facebook de cuentas grandes.

¿Cómo funciona en este caso? Por ejemplo, eliges como producto un curso de maquillaje, haces un video corto de 15 segundos con la información del mismo y su enlace, ubicas cuentas con miles o millones de seguidores con características especiales, como cuentas de mujeres que digan algo así como mujeres empoderadas, negocios para mujeres, mujeres bellas, etc., o cuentas relacionadas a maquillaje profesional, por mencionar algunas ideas; normalmente, en este tipo de cuentas hay un enlace donde puedes pedir información o cotizaciones sobre el valor de sus publicaciones, ya sean fijas o en las historias (los precios oscilan entre 10$ - 20$ por publicación).

Si tomamos en cuenta la ley del 10%, podemos hacer un ejercicio práctico que nos permita ver las ganancias que podemos obtener de un curso de maquillaje valorado en 100$, donde tu ganancia podría ser el 20%, o sea, 20$ por cada venta; si la cuenta tiene aproximadamente un millón de seguidores y este anuncio solo lo ve el 10%, entonces estaríamos hablando que 100.000 personas han visto la publicación, y si de ese grupo el 10% entra con tu enlace a la web del vendedor, estaríamos hablando de 10.000 personas, y si de ese grupo solo compra, en el peor de los casos, el 1% entonces estamos hablando de 100 personas que te generarían 2.000$, a lo que le descontarías lo que utilizaste para la publicidad.

Encontramos diferentes tipos de pago, los más comunes son pagos por ventas, pero también existen comerciantes que te pagan por cada visitante que llene un cuestionario donde normalmente se piden sus datos (correo electrónico y/o número de teléfono), pago por clic (PPC), etc.

Una vez realizado el post, prácticamente empieza a generar ingresos en automático y solo necesitará de un mínimo de mantenimiento.

Hoy en día existen varias plataformas que trabajan con este sistema de afiliación, algunas de las más populares y diversas son Amazon afiliados, Zanox, Publicideas, E-Bay, Jvzoo, Affilinet, Commission Junction, Trade Boubler, Admitad, Clickbank, Hotmart, entre otras. En la mayoría consigues productos que van desde ventas minoritarias a categorías como turismo, belleza y salud, seguros, banca, finanzas, telefonía, sector automovilístico, servicios, cursos, libros, etc.

Para tener resultados óptimos debemos primero que nada elegir un producto que tenga un mercado amplio, o sea, que haya muchas personas en ese nicho de mercado, que su valor sea acorde a lo que una persona promedio pudiera pagar, que en la página web del vendedor haya una amplia información del producto, incluyendo fotos y/o videos de este, diferentes sistemas de pago, garantía de reembolso y atención al cliente.

La ventaja es que en este negocio no necesitas tener producto propio, no debes lidiar con clientes inconformes ni con la postventa del artículo, y ni siquiera debes tener una cuenta en las redes sociales.

Si por el contrario quieres vender tu producto, una de las mejores opciones es Amazon, ya sea porque es una de las más grandes comunidades de usuarios a nivel mundial, o porque puedes utilizar sus galpones para mantener tu stock de productos sin tener que invadir hasta el baño de tu casa, solo con colocar la palabra "Amazon" en tu buscador preferido de internet encontrarás información de primera donde te enseñan paso a paso cómo vender tu producto.

También puedes elegir un producto con alta demanda, bajo costo (casi siempre se habla de comprar al mayor productos hechos en China, que podrían costarte incluso hasta centavos) y estrategias de ventas con consejos como no seleccionar el campo electrónico para evitar tantas devoluciones, seleccionar artículos que puedas vender entre 5$ - 25$, que son montos que cualquiera podría gastar sin pensar mucho, y utilizar la opción de vendedor Premium, que es la más vista por todos.

Y también para esta opción puedes pensar en vender tus productos a través de tu página web, en un sistema de afiliados, y/o contratar publicidad con cuentas grandes.

Cuando aprendes a manejar uno o dos de estos procesos, puedes hacerlos trabajar juntos y así obtener el doble de beneficios.

Y recuerda…

"UNO NO SABE LO QUE SABE HASTA QUE PUEDE ENSEÑAR A OTRO"

ARISTÓTELES

CAPÍTULO 3

ESCRIBIR UN LIBRO

Escribir un libro pareciera ser un gran reto, algo complicado que solo algunos pueden hacer; sin embargo todos tenemos una historia que contar, algo que enseñar. Algunos poseen una imaginación maravillosa, otros solo quieren expresar sus emociones, en fin, todos podemos de alguna forma ayudar a otros en este camino llamado vida, porque, en efecto, hay libros para todos los gustos y necesidades.

Tal vez tienes esa historia revoloteando en tu cabeza, pero de solo pensar en el trabajo que implica escribir un libro ni siquiera lo intentas, pensar en ortografía, la estructura que debes seguir, pasar horas y horas escribiendo borradores y la editorial que necesitas que te apoye para la publicación, ya son parte de un sin fin de excusas con soluciones casi instantáneas.

Empecemos por ordenar esas ideas. Lo primero que debemos hacer es definir el tema del que queremos escribir, tener claro el género y las personas a las que queremos llegar con nuestro libro es la tarea N° 1. Como en todo, si ese tema es algo que te apasiona o en el que tengas experiencia es mucho mejor, ya que las ideas irán saliendo mágicamente.

Para que el desarrollo del libro no sea ni complicado ni largo, te sugiero tomar una grabadora de voz y narrar tu historia, luego podrás transcribir esas ideas, o en su defecto contratar a alguien que lo haga en tu lugar, que para eso existen diversas plataformas donde ofrecen servicios de redacción, transcripción, traducción y más. Estas son las llamadas webs de freelances o trabajadores independientes, algunas de las más utilizadas son Fiverr, Workana, Upwork, Freelancer, etc. Con esta técnica ahorrarás muchísimo tiempo, podríamos decir que en solo un par de semanas podrás tener tu libro escrito y corregido por profesionales a un bajo costo.

Solucionada la excusa N° 1, podemos seguir avanzando. La tecnología o la forma como nos comunicamos también ha cambiado en el mundo de los libros, ahora podemos conseguir dos tipos de libros, el que era necesario publicarse por una editorial, o sea, el libro en físico, y los ahora famosos e-Books o libros digitales. Hablemos de estos últimos.

Si eres un escritor novato, te costará horrores convencer a una editorial para que te publique tu obra, a menos que tengas conocidos en el medio; por tanto, la idea de autopublicar tu libro es la mejor decisión. Una vez que lo tienes terminado, puedes utilizar plataformas como Kindle de Amazon, Nook de Barnes & Noble o Kobo para publicar tu libro, es un proceso rápido y sencillo.

En primer lugar, deberás transformar tu documento a formato Word o PDF, luego abrir una cuenta en tu plataforma preferida, subir el documento y estará todo listo para que miles de personas disfruten de tu creatividad en tu nuevo e-book, y la mayoría de las veces el proceso es completamente gratis.

También aquí debes ser creativo sobre todo con la portada, ya que será lo primero que verá el posible lector a la hora de escoger su libro, las portadas deben tener una imagen principal que no se confunda con un fondo multicolor, que sobresalga y su título debe ser en letras grandes, de color contrastante con el fondo y legibles, olvídate de esas letras *elaboradas* que no harán más que desviar la atención del lector, recuerda que al inicio solo verán una imagen pequeña de la portada.

Ahora, si lo que quieres es producir tu libro físicamente, también en Amazon lo puedes hacer; al ser una empresa grande, tu libro podrá ser distribuido a nivel mundial con solo un clic, ya que ellos se encargarán de imprimir tu libro en la zona donde fue solicitado, y en menos de un par de días ese cliente tendrá en sus manos tu obra de arte.

La tercera excusa tal vez podría ser: ¿y ahora cómo hago para lograr que mi libro sea comprado por miles o millones de personas? Adivinaste, los dos capítulos antes descritos podrían ayudarte a que tu libro llegue a ser, por qué no, un bestseller.

Y recuerda…

"A FUERZA DE CONSTRUIR BIEN, SE LLEGA A BUEN ARQUITECTO"

ARISTÓTELES

CAPÍTULO 4

SERVICIOS PROFESIONALES

Como pudiste leer en el capítulo anterior, hay plataformas donde podemos encontrar servicios profesionales online como Fiverr, Workana, Upwork, Freelancer, etc., en las que no solo encontrarás personas ideales para realizar trabajos literarios (transcripción, traducción, redacción, creación de contenidos, etc.) sino también servicios en el área legal, finanzas, negocios, arquitectura, ingeniería, marketing, publicidad, programación y tecnología, diseño, administración de empresas, asistente virtual, edición de videos, entre otros. Si estás capacitado para realizar cualquiera de estos trabajos, este capítulo es para ti.

Trabajar desde casa ahora es más fácil, puedes ganar un par de monedas extras realizando trabajos online, y es bastante simple. Empezamos por seleccionar una plataforma donde puedas ofrecer tus servicios, colocas una breve descripción de lo que eres capaz de hacer o de los servicios que ofreces, colocas un precio y esperas a que te contacten.

Aun cuando no seas ingeniero, arquitecto o bilingüe, existen nuevas profesiones que cualquiera puede realizar.

Tal es el caso de lo que denominamos asistente virtual, consiste en dar soporte a distancia a empresas o personas con alto volumen de trabajo o responsabilidades (blogueros, emprendedores digitales, etc.).

Las tareas suelen ser bastante mecánicas y sencillas y no requieren de habilidades especiales; estamos hablando de una persona que se pueda encargar de cosas tan simples como la gestión de correos electrónicos, gestión de grupos o comunidades en redes sociales, organización y gestión de agendas de trabajo, publicación de contenido en redes sociales, etc.

Otra de las profesiones que se está desarrollando en la actualidad es la de redactor o creador de contenido; como comentamos en el primer capítulo, es necesario crear contenido valioso y creativo si quieres atraer seguidores a tus redes sociales o simplemente fidelizar a los que son parte de tu comunidad, y para eso necesitarás publicar una gran cantidad de artículos o posts. Allí es donde entra la mano negra de este nuevo profesional llamado redactor.

En este tipo de negocio tus ingresos dependerán de la cantidad de horas y esfuerzo que le dediques a esta actividad, o sea, es lo que llamamos un ingreso activo, también debemos mencionar que estas plataformas se quedarán con aproximadamente un 10% de lo que factures a través de ellas.

Al inicio tendrás que ganarte una buena reputación, incluso deberás competir con buenos precios para que pases a ser más atractivo para los usuarios, pero poco a poco irás ganando clientes y prestigio, que te generarán una buena cantidad de dinero mensual.

Las ventajas de ofrecer tus servicios es que no debes crear una web, ni hacer crecer tus cuentas en las redes sociales: aquí puedes empezar a ganar dinero desde el inicio.

Y recuerda…

"SE QUIERE MÁS AQUELLO QUE SE HA CONSEGUIDO CON MUCHAS FATIGAS"

ARISTÓTELES

CAPÍTULO 5

REDES DE MERCADEO

Las redes de mercadeo, o network marketing, son un modelo de negocio que utiliza una red de distribuidores independientes para promover y vender sus productos o servicios; las variantes de este modelo es que las ventas son directas, o sea, no pasan por un sistema de distribución que tal vez pueden elevar los costos de los productos, y además los distribuidores independientes tendrán la posibilidad de asociar a otros distribuidores y conformar un grupo de trabajo, que a su vez le generará ingresos residuales.

Hoy en día estos sistemas se han hecho muy populares, ya que ofrecen a sus distribuidores la oportunidad de tener ingresos adicionales, libertad de tiempo y hasta ser su propio jefe. Sin embargo, este modelo de negocio tiene un largo historial, empresas como Avon lo utilizaron desde finales del siglo XIX y hoy por hoy mantiene una red que supera los 5 millones de distribuidores en todo el mundo. Las redes de mercadeo te permiten ser de alguna manera un empresario, las ganancias y los resultados finales dependerán de tu trabajo.

La mayoría de las redes de mercadeo requieren de una baja inversión, no tienen gastos operativos, y aparte de sus beneficios económicos, podrás encontrar también programas educativos o escuelas de negocio donde te enseñan cosas como ventas, liderazgo, trabajo en equipo, oratoria, educación financiera, planificación, definición de objetivos, y lo más importante según mi punto de vista, tener CONSTANCIA. Entre otras cosas, te crean hábitos de lectura, y lo mejor es que para ser parte de este sistema no necesitas tener estudios especializados.

Sin embargo, como en todo, debes estar atento, ya que en muchos países este tipo de negocios no son bien vistos. Debes elegir una empresa donde tengan un producto o un servicio que ofrecer, y no que sea un esquema de esos llamados "pirámides", donde solo generas ingresos por traer personas al supuesto negocio.

Al final tendrás personas inconformes que lo llamarán fraude, y no es para menos, ya que la empresa, por llamarla de alguna manera, tenderá a desaparecer en cuanto no entren más asociados, y si lo analizas es obvio: si no tienen un producto o un servicio que ofrecer, sus ganancias solo dependerán de las inversiones iniciales de cada distribuidor, o peor aún, de cuotas de mantenimiento que cada distribuidor deberá pagar, o sea, que si no entran más distribuidores se acaba el "negocio".

Entonces, ¿en qué consiste un verdadero negocio multinivel o red de mercadeo?, ventas y creación de equipos. Si bien es cierto que lo ideal sería crear un vínculo personal con tus futuros clientes y socios, también es cierto que esta nueva era, y sobre todo estos tiempos donde debemos por fuerza trabajar desde casa, nos han hecho desarrollar estrategias para conducir estos negocios a través de internet, plataformas completamente automatizadas y reuniones a través de herramientas como Telegram, Zoom, Skype, etc., han convertido a las redes de mercadeo en una buena opción para generar ese tan anhelado ingreso extra, y lo mejor, desde casa.

Las redes de mercadeo cubren muchas categorías, las más comunes son productos de belleza, dietéticos, complementos alimenticios, artículos del hogar, productos naturales, turismo, café, criptomonedas, seguros, trading… como verás, tienes una gama extensa de donde escoger, además existen empresas con más de 40 años de experiencia y presencia a nivel mundial, lo que te podría generar más confianza y tranquilidad.

La revista **MLM Insider** cada año analiza las compañías de network marketing que cumplen con los requisitos para ser tomadas en cuenta como las mejores empresas a nivel mundial que conforman esta gran industria. No está de más que antes de tomar cualquier decisión le des una ojeada; adicionalmente, personas exitosas y/o famosas, como Robert Kiyosaki, Donald Trump, Paul Zane, Jim Rohn,

Bob Proctor, entre otros, apoyan este tipo de negocios, así que manos a la obra.

Y recuerda…

"SÓLO HAY FELICIDAD DONDE HAY VIRTUD Y ESFUERZO SERIO, PUES LA VIDA NO ES UN JUEGO"

ARISTÓTELES

CAPÍTULO 6

TRADING

Particularmente, puedo decirte que mi experiencia tanto en redes de mercadeo (turismo) como en trading (personal), han sido más que solo ganar dinero, en ambas ocupaciones he aprendido a conocer mis límites y mis fortalezas, y creo que eso ya debería darle un punto adicional a su favor por encima de las otras opciones.

Cuando hablamos de trading, vienen a la mente palabras como inversiones, apuestas, bolsa de valores y suerte, entre otras; en palabras sencillas, el trading es comprar y vender diferentes activos como acciones de empresas, índices, materias primas, futuros y divisas en los mercados financieros, con el objetivo de obtener una ganancia.

Algunos piensan que se limita a que compremos barato y vendamos caro, sin embargo, hay operaciones donde el movimiento de los precios no es ascendente, y en ese caso también podemos ganar. En el pasado esta era una actividad exclusiva de los bancos y sociedades de inversiones grandes, pero con la llegada del internet y la globalización ahora cualquier persona que tenga conexión puede entrar en este negocio desde su casa.

El trading, sin duda alguna, es una profesión que necesita de formación. La mayoría vende esta ocupación como algo fácil de realizar y por supuesto que te llevará a ser rico, no son mentiras; pero podrían llamarse verdades relativas. Como todo en la vida, si haces una cosa miles de veces terminas siendo un experto en la materia y el trading no es la excepción, así que después de un buen tiempo de aprendizaje y de práctica ese mito podría transformarse en realidad.

El trading va más allá de una subida o bajada de precios, de un análisis de gráficos, de noticias económicas, es tan complejo e interesante que los movimientos tienen que ver con los sentimientos de las personas, con ciclos naturales, con el pasado.

A través del trading puedes confirmar que la historia sirve de algo, que las cosas se repiten también en los gráficos, que todo lo que sube tiene que bajar, que para que un movimiento sea perfecto debe presentar un cierto equilibrio; además, también conoces tu parte psicológica, puedes conocer esos egos que se esconden para que no trates de eliminarlos, esos que salen y te dicen "apuesta más", "no te equivocaste en la operación, ahorita cambia de sentido", o simplemente se presentan como la frustración o la arrogancia. Sí, el trading va más allá de gráficos, es algo que me apasiona, pero no siempre fue así, al inicio se parecía más a la desesperación.

Existen cursos, artículos e inclusive academias que te ayudarán a convertirte en un excelente trader. Aprenderás de economía, gráficos, a conocerte a ti mismo y unas cuantas estrategias para poder realizar operaciones que a la larga te harán rentable. Después de todo el proceso de aprendizaje podemos decir que es fácil y que ni siquiera tendrás que estar todo el día pegado a tu computadora o teléfono móvil, ya que existen operaciones que puedes dejar preestablecidas en ciertos precios, y operaciones que puedes dejar a largo plazo, todo dependerá de la técnica con la que te sientas más cómodo.

Podrás encontrar miles de indicadores y/o herramientas que te facilitarán el estudio de los gráficos, como las ondas de Elliot, medias móviles, RSI, retrocesos de Fibonacci, algoritmo interbancario (orderblocks), etc.

Puedes incursionar en este campo inclusive creando una cuenta demo, o cuenta con dinero ficticio, así podrás poner en práctica lo aprendido sin poner como conejillo de Indias tu cuenta real. Uno de los beneficios es que prácticamente puedes operar en el mercado de divisas las 24 horas del día, ya que existen cuatro bolsas importantes que operan en diferentes horarios: la bolsa de Nueva York, Londres, Sidney y Tokio.

Puedes practicar el tiempo que quieras en cuentas demo y con la cantidad de dinero ficticio que quieras. El consejo: si puedes hacer crecer una cuenta de 100$ también lo podrás hacer con una de 10.000$. Aprende con una que replique más o menos la cantidad con la que piensas comenzar, la cuenta real la puedes abrir con montos pequeños de dinero, y por último pero no menos importante: lo que ganes o lo que pierdas solo estará en tus manos, nadie decidirá por ti, no necesitas seguidores, no necesitas equipo de trabajo, solo contarán tus conocimientos y tu psicología a la hora de operar.

Y recuerda…

"LO QUE CON MUCHO TRABAJO SE ADQUIERE, MÁS SE AMA"

ARISTÓTELES

CAPÍTULO 7

CURSOS O ACADEMIAS ONLINE

Con la era de la comunicación llegaron los cambios en la manera de aprender, ya son muy pocos los que se dirigen a una biblioteca a investigar sobre algo, o asistir a cursos presenciales, pues en este campo también con hacer un clic encontrarás todo lo que buscas.

Si eres experto en un tema o en una profesión, este capítulo es para ti. Debemos encontrar algunas ideas para que puedas compartir con el mundo entero, eso que tanto te apasiona y además que obtengas beneficios económicos por hacerlo.

Si hablamos de las opciones desde lo más simple, puedes crear cursos en videos o textos sobre un tema en concreto, lo publicas en plataformas como Udemy, Domestika, Coursera, Crehana, solo por nombrar algunas, le colocas un precio y *voilà*. Este tipo de plataformas reciben a miles y miles de usuarios que buscan cursos sobre temas específicos, así que ni siquiera tendrás que salir a buscar clientes.

Como dato adicional, Udemy posee una herramienta que te ayudará a revisar el potencial de tu curso, o sea, te dará información de cuántos usuarios buscan esta temática, cuántos cursos ya existen en la plataforma y hasta un promedio de lo que podrás ganar mensualmente. En algunos casos las ganancias son bajas, te sugiero hacer una lista de posibles cursos o temáticas, crea una cuenta de instructor y chequea cuál de tus cursos está en la gama de alta demanda, pocos cursos ofrecidos y precios razonables, y estarás frente a una gran oportunidad.

Ahora, si quieres algo un poquito más complicado, donde no tengas que ceder parte de tus ganancias a este tipo de plataformas, te sugiero publicar tus cursos en tu propia página web. Como ves, esta es una opción de ingresos pasivos, ya que una vez realizado el curso los ingresos llegarán en automático.

También puedes crear academias online o páginas web donde vendas diferentes cursos, e-books y productos al mismo tiempo. Las academias suelen ser más complejas pero a su vez más profesionales, ya que te permiten hacer tu curso y ofrecer servicios adicionales como seguimiento al usuario con exámenes al final de cada módulo que se corrijan en automático, clases en vivo, área de preguntas frecuentes y respuestas, una sección de ayuda o soporte para el usuario, chat, foros, grupos de usuarios, crear certificados para tus alumnos, etc., y aunque no lo creas, tampoco necesitas ser un programador digital, solo debes tener la información y las herramientas necesarias; en este caso puedes apoyarte en WordPress y las cosas serán mucho más fáciles.

Y recuerda…

"LA CALIDAD NO ES UN ACTO, ES UN HÁBITO"

ARISTÓTELES

Como consejo final, debes saber que las palabras que utilices para títulos de cursos o libros, hashtags o en la descripción de productos, deben ser minuciosamente elegidas, ya que existe una base de datos, por llamarlo de alguna manera, que te ayudará a que tus artículos y productos sean vistos por las palabras que utilices en su descripción.

Haz la prueba, coloca una palabra o una frase en el buscador de Google y te mostrará la cantidad de búsquedas que ha tenido (no por nada este libro tiene en su título la palabra *cuarentena*, que no es de las que más me agradan pero sí es una de las más buscadas en estos tiempos), lo que quiere decir que debes utilizar las que tengan un mayor número de búsquedas, y adicionalmente puedes pagar a Google para que posicione tus artículos, para que al buscar ciertas palabras aparezcan en los primeros puestos.

Los tiempos de crisis ayudan a despertar ese genio que está en tu interior, concéntrate en el lado bueno de las cosas, el mundo es dual y está en ti disfrutar de esa parte positiva, de la parte creativa, de la parte que te ayudará a salir adelante en esa situación que al inicio parecía catastrófica.

Aprovecha tu tiempo, mientras otros duermen, juegan, ven por horas y días televisión, ve abriendo tu camino, ve preparándote para el futuro, empieza a formar parte de ese pequeño grupo de personas exitosas.

Y recuerda…

"LA SABIDURÍA ES UN ADORNO EN LA PROSPERIDAD Y UN REFUGIO EN LA ADVERSIDAD"

ARISTÓTELES